मुखौटा

...उनके लिए जिन्होंने कभी प्रेम किया था |

लक्ष्य राणा

समर्पित है उन सभी को जो प्रेम, सत्य और जोखिम से रस लेते हुए जीवन की हर सम्भावना को, चाहे वो कितनी ही अटपटी क्यों न हो, सहज ही स्वीकार कर प्रसन्नचित्त मन से उसका आलिंगन करते हुए सृष्टि की सीमाओं से परे जाने को आतुर है ।

क्रम-सूची

क्रम-सूची

प्रस्तावना — vii

भूमिका — ix

पावती (स्वीकृति) — xi

प्रस्तावना

इन कविताओं के मायने शून्य है, इन कविताओं को संग्रह कर एक पुस्तक में डालने से मेरा बस इतना अभिप्राय है के ब्रह्माण्ड की कोई भी कम्पन बस यूँ ही नहीं है, वो सब जो आप जानते है और वो सब जो आप नहीं जानते, ये सब मिल कर ही इस ब्रह्माण्ड की रचना करते है तो किसी भी कम्पन को एक नज़रिए से तोलना उसके अस्तित्व पर सीधा हमला करना है, बस इसी आशा में कि ये रचना सम्भावनाओं में बहकर अपने अस्तित्व को कई दृष्टिकोणों में प्राप्त करे क्यूंकि इसी से इसकी ख़ूबसूरती का उन्माद होगा ।

भूमिका

ये कविताएँ भ्रम के सूक्ष्म स्पर्श के साथ मौजूदा व्यक्तियों और घटनाओं के आध्यात्मिक आयामों पर आधारित हैं।

पावती (स्वीकृति)

इन कविताओं के शब्दों को चित्रों का रूप देने के लिए
मेरी बहन आयुषी धामा का बहुत धन्यवाद ।

1. एक लड़की

एक लड़की हाँ मुझको किसी शादी में टकरा गई,
वो ही गाँव की मक्खन सी जिसे देख चक्षु चकरा गयी ।
वर्ष - किशोरी, चरित - पावन, दुनिया की नासमझ - उत्तम थी,
मानो इंद्र नगर की सुरबाला हाथो परोसती चमचम थी ।
प्रथम प्रेम उस चंचल मन का, डर था थोड़ा, थोड़ी थी तड़पन,
मानो अबोध, सुन्दर, कर्मनिष्ठ सा दान दे गया हो बचपन ।
नयन में भाया नवयुवक, उस बाण ने भेदा मतस्य नेत्र,
हृदय की भूमि आज बनी है प्रेम द्वन्द का कुरुक्षेत्र ।
दो हठप्रेमी बेचैन से मानो अंगारों पर नाच रहे,
परिजन, सहचर से वैरी से छुप, आँखों से रस बाँट रहे ।
मिलन, स्पर्श और शब्द जटाधर की जटाओं के हुए भुजंग,
अपरिचित अपने की एक झलक उमड़ती ऐसी लायी उमंग,
मानो अमृत सागर फूट पड़ा - प्रबोधन का आभास हुआ ।
बस इतने से ही दोनों को राधा - कान्हा का रास हुआ ।

प्रेम - प्रपंच की माया से अज्ञान वो निश्छल रूपवती,
उत्सुक, कोमल अंतःकरण में छुपी थी पर एक नार सती ।
काल वो हिम पर्वत सा आया दूर दो जिससे भाग रहे,
आदत सूरज संग छिप जाने की - नींद में, फिर भी जाग रहे ।
वास्तविकता के पलंग पर समय पटकनी मार ले आया,
टूटना ही था स्वप्न, हे - अंतर्मन !! तो तूने क्यूँ दिखलाया ।

प्रस्थान की वेला में सदैव के लिए दो साँसे होंगी एक,
अनुरागी, बालक देह से प्राण विदा लेंगे पर, ईश देख !! |
असहाय वो जोड़ा कर भी क्या सकता निर्दयी क्षण में,
विलाप भी ना सकता उनपे, जो घाव मिले - स्नेह रण !! में |
बिना नीर के अश्रु थे और मौन स्वर वो नयनी रोई,
विदा हुआ कोई और व बिछड़े का मना रहा शोक कोई |
बन भानु डूब तम कर गया, वो सूरजमुखी सी पूरब ताके,
प्रीती अमर कर गया वो नादाँ पूर्णविराम एक लगा के |

काश !! ये होता, काश !! वो होता कम से कम थोड़ा पास तो
आते,
डरते, भले ही दूजे को लड़खड़ाते स्वर में कुछ कह जाते |
चंद लम्हों में ये भाव तो भय और आतुरता से हूँ मै सोचता,
अनंत "यदि" मेरे जो इनमें एक भी सच हो, तो क्या होता ? |
मिलन ना आगे हो, था नियति को - यही स्वीकार कदाचित,
शुद्ध प्रणय ना हो अशुद्ध, उसका भी सोच ये घबराया चित्त |
कारण यही वो नाता पुनीत है, है माना ये गाथा अधूरी,
किन्तु यथार्थ है यह भी के होती ना जो कहानी पूरी,
हुए प्रेम में पृथक जो, देती प्रचण्ड पीड़ा उन्हें मगर,
है सत्य इतिहास में उनके, हो जाते है प्रेम अमर |
सत्य ये भी वो यातना थी, कथा - व्यथा थी, उन दो की,
परन्तु उचित हुआ, हुआ जो घटित - घड़ी में, वह क्यूंकि,
तरुणी आयु में होती केवल - शर्तहीन, बिना चाह की चाहत,
फिर शासन कामुकता करती एकतंत्र जीवन को आहत |

अनागत का अनुमान लगा कर परिस्थिति घबरा गयी,
वो !! अग्नि आचरण दुग्ध वेश में किस प्रकार ठहरा गयी,

हाँ, ऐसी एक लड़की मुझको किसी शादी में टकरा गई |
हाँ, ऐसी एक लड़की मुझको किसी शादी में टकरा गई |

2. किसान

हे किसान पुत्र ! खिला कर, भूखा रहना सीख ले

है विरासत में मिला तेरे तात को ये श्राप हलधर,
तू अछूता ना रहेगा विष के ताल का तू तरुवर,
अस्त्र तेरा फावड़ा है भूमि से अब द्वन्द,
पाषाण, ताप, भक्षको से जूझ बेपदत्राण चलकर ।
अन्नदाता निवेदता तू, माना लाखों का देवता तू,
पर ना पुजेगा तू कभी ऐसी कलयुगी तारीख ले ।
हे किसान पुत्र ! खिला कर, भूखा रहना सीख ले ।

शहर सिला शीतनिद्र, अंग हुए गरमावरण,
दैत्य काल में ओसरा, तू जा के कर अनावरण,
निश्चिंत लूट-खसोट से होता - ले लाठी, हमराह तेरी,
पाला चादर, दीपदंड, पदयान तेरा वातावरण ।
गया वो नाका टूट, तो भर के हिम्मत की दो घूँट,
हो सकते घात में विषधर जहाँ, उसी अति सन्न पानी में भीग ले ।
हे किसान पुत्र ! खिला कर, भूखा रहना सीख ले ।

अनमोल वो अन्न भी मोल के, जिनके ऋण का थाम कांधो पर
कट्टा,
दांव लगा दी पूंजी सारी खेल के ज़र, ज़मीन पर सट्टा,
मिटटी में जा मिली सम्पदा मिटटी, पर जो लगाई थी,
वो झुंका जानते हुए, के राख बनादेगा ये कर्म का भट्टा ।

ओ सबसे बड़े जुंआरी गिन, तेरी रोजी भी जाएगी छिन,
ना मिलेगा रोटी से ज्यादा कुछ चाहे जितना चीख ले |
हे किसान पुत्र ! खिला कर, भूखा रहना सीख ले |

उपकार है - ऊपर वालों का, ऊपर तेरे, तू जीवित है,
पर्याप्त है, धमनी में है तेरी कुछ प्राण, भले ही सीमित है,
हुआ सिद्ध जब धर्म, लगा अब पूर्ण हुई सारी अड़चन,
तब वार कर, ईश्वर ने जो दिया उपहार, तू उससे पीड़ित है |
"दे दे पढाई का दाम मेरी", ये जाप रही संतान तेरी,
बोल उसे - "तू छोड" विद्या-मंदिर से देवज खींच ले |
हे किसान पुत्र ! खिला कर, भूखा रहना सीख ले |

बौछार - गुहार ! उपज की, ग्रहण लगा अकाल से - मांग को,
ना माँग हुई, तो मूसलाधार - थाम, मचे कोहराम को,
दुर्लभ नेत्र को स्तब्ध दृश्य, ये क्या अभागा होकर देखा?
देखा मैंने भगवान को धोखा देते हुए भगवान को ।
उत्पन्न अन्न, जो त्वक वर्ण, सी मृदा से उसका रंग स्वर्ण,
स्वर्ण उड़ेलती रत्नगर्भा का जनक वो हलवाहा, भीख ले ।
हे किसान पुत्र ! खिला कर, भूखा रहना सीख ले ।

मेरे लाल ! पीले नग के पिता, पूत मेरे - किसान न बनियों,
अगर इस युग में देव की दशा ये, तो ऐसा भगवान न बनियों,
जो बाग़ तराया उसी के पेड़ पे दाँत भींच के झूल गया - कह,
चूस के गर गुठली तक फेंक दे, ऐसा आदमी आम न बनियों ।
अधिपति तेरा - फूटा भाग्य, सौभाग्य ! विफल हुआ कृषि वैराग्य
यदि, तो जा, जा कर देश की सीमा को रक्त से अपने सींच ले ।
हे किसान पुत्र ! खिला कर, भूखा रहना सीख ले ।

3. विदाई

कभी - कभी लगता है ये सब क्षण भर का एक सपना,
मिला मुझे जैसे मिल जाये संकट में कोई अपना।
कितने बीते दिन मेरे इन सुन्दर गलियारों में,
और कितने रंगीन बिताए पल मैंने यारो में।
विद्या के प्रहरी मिले यहाँ मिले फूल और कांटे,
बांटे सुख जो मिले मुझे यहाँ पर कुछ दुःख भी बांटे।
हाँ रस्ता नहीं भूली मैं, है याद मुसाफिर सारे,
जीते थे संग मेरे जो और वो भी संग जो हारे।
चुटकुलों पर थी खूब हंसी मैं कितने लगे ठहाके,
अब रोना आता है उन पर आंसू रोज़ बहा के।
ना जाने कब मिले दोबारा यादें खट्टी - मीठी,
पकी किशोरी, मिली यहाँ बचपन को मेरे - अँगीठी।

लड़ते - खेलते, तोड़ - जोड़ रिश्तों की अनंत सीढ़ी,
कर आई है पार देख तेरे गर्भ से एक और पीढ़ी।
मैं तो बस एक और हूँ तेरे सर्वदा नित्य में से,
जैसे शावक हो भागे कई, विरह हो माँ के स्नेह से।
मैं तो उड़ जाऊँगी एक दिन, पर तू रह जाएगा,
देख बुलंदी मेरी गगन में हल्का मुस्काएगा।
लगने लगा है पर डर इस ऊँची छलांग से मुझको,
उलझ के सपनों की दुनिया में भूल ना जाऊँ तुझको।
स्वावलम्बी, स्वाभिमानी मैं, तू निस्वार्थ, स्नेहल है,
आवारा, आज़ाद, विचल मैं, पर तू अडिग, अचल है।

❧❧❧

ताना-बाना भ्रम का प्रेम के धागों से जा ऐंठा,
किन्तु एक प्रण मेरे भी चित्त में घर कर है बैठा,
भले सजूं मैं इन्द्रपुरी में, लाख आसमाँ लांघ,
पर लगाव की डोर कमर से दूँगी तुझमें बाँध।
जड़ी रहूँगी, मांझे से मैं तेरी झोंक झूलूँगी,
सौगंध मुझे अनुराग की तेरे तुझे ना मैं भूलूँगी।
ये विदाई की अशुभ घटा बिन बादल बरस रही है।
मनहूस बड़ी काली छाया डसने को तरस रही है।
आया विधान धमकाने काट ये - पल भावुक, चुलबुल से,
बन कर वधू रुख़्सत होना पड़ता ही है बाबुल से।
प्यार, वार से लगा बुझाने - निर्णय प्रिय कड़ा है,
परन्तु हे आकांक्षी !! सुन, तेरा लक्ष्य बहुत बड़ा है।
पलभर की आसक्ति से भला कौन ही बच पाया है,
लेकिन मैं कर सकती हूँ तूने ही सिखलाया है।
पहुँच छोर जाऊँगी मैं कर राग-बवंडर पार,
पर अपने भाग्य को जीतकर भी जाऊँगी हार।

आगे होगा क्या, क्या जाने? जाने क्या ही होगा?
तिलमिलाते मन ने मेरे - युगों कष्ट को भोगा !!
समय सजग ये बड़ा भावी मंशा को जाता भाँप,
ऋतुओं की बेढब हलचल ने - पगडंडियाँ दी ढाँक।
नहीं चलेगा इस पथ पर कोई चाल जो मैं चल आई,
सही गलत का सोच निकल थोड़ा ज्यादा दूर मैं आई।
पीछे जो मुड़ के देखा, सब कुछ ही अंजाना था,
भटकी ना थी मैं बस चलते ही मुझको जाना था।
भीगे नैनों से एक अंतिम बार याद तुझे करती हूँ,
दहलीज़ पे तेरी फेंक कलेजा, अच्छा मैं चलती हूँ ।

4. एक शाम है

नंगे छाया - पथ पर, रस्ता भटक के टूट पड़ा एक तारा,
मासूम कल तक, बेचैन हुआ जब नाम पड़ा - "आवारा",
अपनाकर - अपने को सिमट, समेटा वैर भी गैर जो था...
भूल गया क्षण - क्षण विस्तार उसकी नियति का सार था सारा।
विलय करके खुद में - खुद को लिया सत्य समर्पण थाम है...
ढलती खुद शून्य कहती, ठंडी - सुन्दर, एक शाम है

है दानव पाले घर में मैंने, आँगन सींचा प्यालों से,
देह मेरी शम्शान बनी, वैकुण्ठ बसाया ख्यालों से,
तू मार, वार कर शत कांटें छलनी कर झांक के देख बधिक...
हृदय हुंकार रहा करता चिर, चीर बनाया भालों से।
छाती छालों से सराबोर एक रक्तरंजित धाम है...
ढलती खुद शून्य कहती, ठंडी - सुन्दर, एक शाम है

झगड़ - झगड़ के गणों से सुन्न एक शांत तमस लिए फिरता हूँ,
जोगी हूँ, आवारा हूँ मैं दिगों में दिये लिए फिरता हूँ,
कोई कह न दे कुछ कहीं, साया हमराज़ बना मेरा...
मैं चुपचाप देकर आशी कुछ मीठे गिले लिए फिरता हूँ।
ऐसे को तू जान सके, क्यों? अथक व्यर्थ ये - काम है...
ढलती खुद शून्य कहती, ठंडी - सुन्दर, एक शाम है

तू संभल ज़रा, न कदम डिगा पथ - पथ पर कंटक, घाती है,
वृक्ष भले झुक जाए वेग से जड़ किन्तु रह जाती है,
मशवरा मेरा - मूँद आँख ना कर ऐतबार तू ऐ नादां...
विष में वास करा करते, खुशबू चन्दन की आती है।
अब ये भी इच्छा तेरी देती सच को क्या नाम है?
ढलती खुद शून्य कहती, ठंडी - सुन्दर, एक शाम है

आगे है आज़ाद सवेरा, चितवन से स्वीकार ज़रा,
देकर ठोकर अंधकार को सागर में पतवार तरा,
जन्मी गाथा, सामर्थ्य की मिली आँख जब - जब महीधर से...
मौत के उद्दंडों को लाने से काल भी सुन हर बार डरा।
कर्म तेरा - धक्के खाता, लेता उबासी अंजाम है !!
ढलती खुद शून्य कहती, ठंडी - सुन्दर, एक शाम है

मिला शिखर, लेकिन अब क्या? कुछ और भी क्या गहराई है,
मिटी नहीं मैं, अंत नहीं ये, क्यों ना पूरी हो पाई मैं?
आभास अधूरे सा मुझको क्यों? प्रश्न उफनते जा रहे है...
लेकर तृप्ति की आड़ आया था जो भी, अस्थाई है।
कौन शाश्वत? व्यर्थ सभी, है कौन वो? खास है? आम है?
ढलती खुद शून्य कहती, ठंडी - सुन्दर, एक शाम है

5. ...हाँ तू

ना जाने, संयोग से ये मेरे 6 महीने बाद हुई,
दूर के रिश्ते की ऐसी मेरे बचपन की याद हुई।
मेघ डोलते रोती थी जब, हाय !! जीना दुश्वार हुआ,
राम बचाए दुनिया, को लेकर - वाणी का बाण हुई।

राम - लखन से, पर दोनों मर्यादा हीन, दुष्ट और दानव
मानो स्वयं रावण ने जन्म लिया हो शकुनि के संग, बच मानव
प्यारे राज - दुलारे बच्चे ये बस पुस्तक के नाटक थे,
समकक्षों पर हावी थे इनका बचपन था शिव तांडव।

हाथ हिलाते गलियारों में, धक्के खाते सड़कों पर,
छुप कर बाज़ारों में चरना, बहसना दंगई लड़कों पर,
खेल - कूद बस धमाचौकड़ी, उधम - यूँही परिभाषित थे,
नौंच - खरोंच थी खाल - लाल, कीचड़ के छींटे कपड़ों पर।

जाने ही क्या स्वाद था आता - ज्येष्ठ की गर्म दुपहरी में,
खाट का घर तपती छत पे - तंग, जम गए सात - कचहरी में
ज़ोर - जबर का न सोना, फिर दबे ठहाके सुन - गाली

मुखौटा

थलग - स्वेद, बंद कमरे में था आता स्वाद दशहरी में।

❧❧❧

कभी खिलखिल रात में, लुका - छुप्पी कभी चोर - अनार वो ले भागा,
कभी खोज हुई कुछ राहों की अज्ञात था जिनसे जग आधा,
बना टांड कभी नीम के ऊपर, कैसे? भेद ना जान पड़ा,
कभी गुंजा मोहल्ला - दौड़, फांद के भीत कई घर को टापा।

❧❧❧

रोज़ उल्हाना, धाक्कड़ नानी - और फिर शुरू होती फटकार,
डुटनी, घोड़ी, लंका, लुगाई और कई बहुरंगी दुत्कार,
कड़क थी टेढ़ी पर लताड़ वो - धन्नो की रसभरी सी, मम्मी
चीख, बजाती सींक - तू जाती पुकार पर हर बार बाहर।

❧❧❧

दूजा काल - अकाल छोड़ घर - घेर गए बन बाग़ी भाग,
कांड सारे करने मिलके, खुराफ़ात नई कोई गई जाग,
मिली -मिलाई, छुपी - उठाई कुछ पकड़ी, कुछ गई बचाई,
बचा के, बच के नज़रों से लिया कंचे की बोतल का स्वाद।

❧❧❧

उलटी सीधी भूत कहानी बुनना और फिर - उनसे डरना,
चिपक एक दुजे ऊपर सुन डरना, फिर भी सुनते रहना,
अस्त - व्यस्त कम्बल में, मानो सात नहीं, हों एक और कभी

झपट - उग्र, खूँखारों की तरह लड़ना, फिर भी जुड़ कर रहना।

❦ ❦ ❦

बेखौफ़, बाप, उस्ताद, ढीठ और गांव के अल्हड़ से ठेठ
चंट, तेज़, और गुस्सा - ढेर, राछ, था कूट के भरा ढेठ
जाट - ठाठ, संकट में साथ, गुच्छों में - घेर के चले जहाँ,
वो गलियाँ गाथा गाती है, मानके जिनको अपना सेठ।

❦ ❦ ❦

होकर हवा पे सवार सवेरे, बेवजह ही घर छोड़ दिया
तकियों से संग्राम हुआ, पंखो, चित्रों को तोड़ दिया
पलंग की चद्दर का विध्वंश और बान खाट के टूट पड़े,
देखने को चलचित्र लड़े युद्ध, गला कुर्सी का घोंट दिया।

❦ ❦ ❦

कैसे भूलूँ माहौल - मोहल्ला, दूध - छाछ, वो घर - वो भोर?
कैसे भूलूँ वो गढ़ी - कढ़ी मौसी की, और गाय की खोर?
भूलूँ कैसे वो साड़ी वाला? जमा कुटुंब जब सारा होता,
कैसे भूलूँ एक घर - सा क़स्बा, कैसे भूलूँ बीता दौर।

❦ ❦ ❦

ख़फ़ा हूँ तुझसे, इसका भी मैं - बोल के तुझे कराता भान
और फिर मैं तेरी हल्की सी कोशिश से ही जाता मान,
इश्क़ तेरा, कुछ ख़ता मेरी, पर दुश्मनों में न समझ तू मुझे,
अगर चले बस मेरा, मरकर भी कर दूं तुझे आयुष्मान।

तेरी चूंटी के छाले, वो मार, तेरी मैं-मैं तू-तू,
सर-आँख पे रख एक वहम लिया, है तू - हूँ मैं, ना मैं - ना तू !!
ना समझ तू, कोई ना मेरा बिन तेरे, ले गिन तू संगी मेरे,
एक तू, दूजी तू, तीसरी तू - एक और है ......हाँ तू !!

लक्ष्य राणा

6. दीपांशी

तू दीपांशी मधुर मानसी तू शब की परछाई है

है तेरा एक स्नेह का प्याला
बूँद बूँद कर उसमें डाला
मैं भी प्यासा, ओस का उसकी
देकर छींट है मुझे संभाला
जो तू, हाँ तू बस मुस्का दे
आभा भी शर्माई है,
तू दीपांशी मधुर मानसी तू शब की परछाई है

लगे जहाँ में लुत्फ़ जो तू है
जिस्म कपट है, भ्रम - तो रूह है
यूँ तो कई है.. घाव शोर के,
बस एक तेरे चेहरे पे सुकूं है
सोच तेरी, सच किसी अपने की
सोच में उतर आई है,
तू दीपांशी मधुर मानसी तू शब की परछाई है

सुन ले, एक भी आँसू दर्द का,
है इलाज नहीं, प्रेम मर्ज़ का,
राय समझ या दुआ मेरी
भुगतान कभी न हो इस क़र्ज़ का
सूरज सी है सरल तू पर,
सागर की भी गहराई है
तू दीपांशी मधुर मानसी तू शब की परछाई है |

7. कौन घड़ी थी

एक अचानक परी सी आई..
बन के गर्मी की पुरवाई..
प्यासा, सूखा, थका हुआ - मैं..
और तू आफत की ठंडाई..
मेरी - हमदम, बेनाम - वो सच
थी, छलावा या बन खड़ी थी?
मैं खुद से अक्सर हुँ पूंछता
जाने कौन घड़ी थी ?

❧❧❧

सच है - उसको नहीं है देखा,
नाम, पता - सब काल की रेखा,
फिर भी जाने क्यों रूह मेरी
लिखे तेरी कल्पना का लेखा |
तू मूरत है या एक साया
या बस मेरी आँख लगी थी...
नींद ने उठ के चित्त से कराहा -
"..जाने कौन घड़ी थी" |

❧❧❧

जो असल हो तू, मैं अटल अधर्मी
छू के करूं जी भर के बेशर्मी
जुदा है, शायद वजह यहीं -
जो मिंले तो बन न जांऊ अकर्मी
धार दी सीरत पर जब तूने
मौत से मेरी मौत लड़ी थी |
दुष्ट - कष्ट और देव - पुष्प थे...

जाने कौन घड़ी थी ?

❧❧❧

हुआ है कुछ जो छुपा अभी,
है व्यूह ये या, कोई व्यथा दबी?
मैं भाव बवंडर का भटका -
ले - आस के साहिल दिखे कभी।
तन्हा, मस्त, अनछुआ स्नेह से...
मेरी - किसको? कहाँ? पड़ी थी।
मुड़ी तरंग, छू छींट चाह की,
जाने कौन घड़ी थी ?

❧❧❧

रुकूँ, या चलता जाऊँ बता तू?
झुकूँ, या मरता जाऊँ बता तू?
कर दे इशारा या लिख कर खत,
कम से कम मेरी ख़ता बता तू।
ख़्याल, ख़्वाब, खालीपन में बस -
तू ही तू - बेबाक अड़ी थी।
ख़ंजर से सी घाव भरे थे...
जाने कौन घड़ी थी।

❧❧❧

लिखता पत्र के - "प्रिय प्रियो जी",
आशा करता तुम अच्छी होगी।
खुश हो या कैसी हो तुम? ये

पूछने पर तुम भी रो दोगी।
महसूस करो गर पत्र में वो जो...
उलझी - बिखरी याद जड़ी थी,
वापस बस इतना लिख देना
"जाने कौन घड़ी थी..."

किस्से पढ़ शर्म से गड़ जाता हूँ,
छवि को कुछ भी बक जाता हूँ,
निंदा लाख तुझे, चाहूँ भूल...
करता कोशिश, फिर थक जाता हूँ।
आँख से आँख मिली जब - जब,
हर बार मेरी उम्मीद जगी थी।
मैं था, तू थी और कुछ - कुछ था,
जाने कौन घड़ी थी

तेरी चिट्ठी, तस्वीर, खिड़की...
दिन रात वहीं बस मेरी टकटकी।
रोज़ दुआ - ना लौटे तू,
और सच, सबसे बड़ा झूठ है यही।
जब भी याद दबाई
तू, थोड़ा - थोड़ा कर और बढ़ी थी...
पुस्तक के मस्तक पर तू थी,
जाने कौन घड़ी थी?

❦❦❦

रोज़ किसी तू, थोड़ा बिलख कर...
सामने सबके, सिसक - सिसक कर...
बिना किए परवाह अपनों की,
खो जाये मेरे से लिपट कर।
शर्त यही इस रूठेपन की,
और तमन्ना यही चढ़ी थी।
बड़ी बेरहम अपशकुनी, वो..
जाने कौन घड़ी थी?

❦❦❦

तुझे प्रेम किया मैंने जितना,
नहीं कोई कर पाएगा उतना।
कर लिया मैंने अनुराग, राग में..
आगे ना हो पाएगा इतना।
तेरे मेरे इस अध्याय की
शायद ये आखिरी कड़ी थी

मुखौटा

इसके बाद, यही तू बोलेगी..
"जाने कौन घड़ी थी !!"

ये अंतिम प्रणाम है मेरा,
और अंतिम यही अवसर तेरा,
नहीं लौट के आऊँगा फिर...
मैं शाम अब से, तू सवेरा।
इन चंद - छंद में कर ली मैंने,
जीवन की सारी दिल्लगी थी,
ना मैं, ना तू जाने ये, ना
जाने कौन घड़ी थी।

8. भारत माँ के पूत

कल सुबह उठकर फिर से सूरज का साथी बनना है
माटी माँ की काया को फिर से छाती पर मलना है
कीट पतंगे कंकड़ पत्थर से सुन्न काया लाल पड़ी
थामने शत्रु के मस्तक को ढाल सी मेरी खाल खड़ी
गिरे बिजलियाँ, तूफ़ानों की भले सजा लो डोल कई
टिका रहेगा रण में अंत तक जो, राणा का पूत वही
लहू जो थोड़ा बह निकले तो रोको मत इसे बहने दो
हम भारत माँ के पूत है पागल हमें पागल ही रहने दो
हम भारत माँ के पूत है पागल हमें पागल ही रहने दो

राजनीति प्रपंचों ने अपने लालच साकार किए
जो कँधे पर्वत तुल्य उन कंधों पर रख वार किए
देश का फौजी मांग रहा कुछ अन्न पैसा तुम दान करो
ऐसा कह कर ना तुम मेरी निज भक्ति का अपमान करो
नहीं चाहिए मुझको कुछ भी मैं यहाँ मज़े में रहता हूँ
मैं आनंद में माँ के पास हूँ बस तुमसे ये कहता हूँ
के इनकी चालों में ना आना जो कहते है कहने दो
हम भारत माँ के पूत है पागल हमें पागल ही रहने दो
हम भारत माँ के पूत है पागल हमें पागल ही रहने दो

भाई समझ कर त्यागे शस्त्र चलो बाण एक और खा लेंगे
लेकिन फिर भी तुम ना माने तो ये शौक भी पालेंगे

सीने पर पत्थर खाये पर किया पलटकर वार नहीं
दिग्विजयी था भीष्म शिखंडी पर थामा हथियार नहीं
सूती स्पर्श के आदी जो पित्तल के स्वाद को क्या जाने
6 गोली लगने पर भी कोई चल सकता कैसे माने
आराम करो अपने घर पे इतना मत सोचो रहने दो
हम भारत माँ के पूत है पागल हमें पागल ही रहने दो
हम भारत माँ के पूत है पागल हमें पागल ही रहने दो

संपर्क करें (contact Us)

लक्ष्य राणा (LAKSHYA RANA)
ईमेल (EMAIL) : PRAMODKUMAR23LA@GMAIL.COM
फ़ोन (PHONE) : 9911620462
आयुषी धामा (AYUSHI DHAMA)
ईमेल (EMAIL) : DIMPYCHOUDHARY3@GMAIL.COM
फ़ोन (PHONE) : 8929372929